Lib 48
220

I0122900

LETTRES

A

M. CHARLES DURAND,

AVOCAT,

En réponse aux questions contenues dans la troisième partie de son ouvrage, intitulé : MARSEILLE, NIMES ET SES ENVIRONS, EN 1815.

PAR M. BENJAMIN CONSTANT.

A PARIS
CHEZ BÉCHET, LIBRAIRE,
QUAI DES AUGUSTINS, N° 57.

1818.

LETTRES

A M. Charles DURAND, avocat,

par M. BENJAMIN CONSTANT.

PREMIÈRE LETTRE.

Monsieur,

J'ai été aussi surpris que flatté de la lettre que vous avez bien voulu m'adresser, et des questions sur lesquelles vous m'avez fait l'honneur de croire que mes réponses pourraient ne pas être sans utilité. Quelque difficiles que ces questions puissent être à résoudre, je dois m'efforcer de me montrer digne, au moins par l'intention, de la confiance que vous semblez m'accorder. Je regrette qu'un accident douloureux, dont les suites se sont prolongées plus que je ne croyais avoir à le craindre, ait apporté de si longs retards à mes remercîmens et à ma réponse.

Sans avoir résidé dans le département du Gard, je n'ai rien négligé pour connaître avec précision tout ce qui s'est passé depuis la révolution dans ce département, si malheureux par nos dissentions civiles. La persécution

1.

qui a réveillé la sympathie des protestans jusques chez les nations voisines, a dû produire un effet plus puissant encore sur le cœur d'un protestant français, dont les ancêtres ont été victimes du même esprit de fanatisme et d'intolérance.

J'espère toutefois que ma qualité de protestant ne me fera point tomber dans une partialité contraire au reste de mes opinions et de mes principes. Le protestantisme ne prescrit la haine d'aucune religion; il enjoint au contraire le respect pour toutes les croyances. Ce n'est jamais qu'en s'écartant de ses maximes fondamentales, que les protestans ont imité d'autres sectes qui ont voulu faire prévaloir leurs doctrines par la force.

Sans doute, et tous les protestans éclairés en gémissent, l'on peut citer quelques faits qui prouvent que les réformateurs n'ont pas toujours pratiqué leur théorie. Mais ces faits sont en bien petit nombre; et, quoique le supplice de Servet soit un crime exécrable, l'on aurait mauvaise grâce, en opposant un exemple isolé et une seule victime à quatre siècles d'oppression et à trente mille victimes périssant sur les bûchers de l'inquisition.

Je voudrais pouvoir, en répondant aux questions que vous m'avez adressées, monsieur, laisser de côté toutes les époques propres à réveiller de tristes souvenirs. Mais obligé d'examiner, dès le commencement de mes recherches, s'il existe un moyen d'opérer une fusion entre les protestans et les catho-liques, il faut bien que je dise quelques mots des faits qui ont causé leurs dissentimens, et des accusations qui les perpétuent. Je le dois d'autant plus, qu'ainsi que le lecteur le verra tout à l'heure, des écrits récens ont reproduit ces accusations avec toutes les amplifications de la haine, et toute la mauvaise foi du crime, empressé d'attaquer, parce qu'il ne peut se défendre. Il est naturel de chercher une res-source dans la calomnie, quand la justifica-tion est désespérée.

Je renonce toutefois aux avantages du ter-rain sur lequel je pourrais me placer, en re-montant aux premiers temps du protestan-tisme. Il est bien certain qu'alors les protes-tans ne réclamaient que la liberté religieuse.

Leurs excès mêmes n'étaient que des actes de résistance auxquels les contraignait l'achar-nement de leurs ennemis. Leur désir d'ac-quérir de l'importance et du pouvoir dans l'État était justifié par le besoin de conquérir des garanties, et il n'est pas étonnant qu'ils fussent des sujets inquiets, et si l'on veut rebelles, quand François Ier. les faisait brû-ler, et que Charles IX les fusillait. Depuis Henri IV, aucun reproche fondé ne peut être dirigé contre eux. Ils se sont affligés probablement de l'abjuration d'un prince qu'ils avaient si fidèlement soutenu dans l'adversité. Cependant leurs chefs ne se sont point séparés de lui. Henri, devenu catholique, a trouvé parmi eux ses serviteurs les plus dévoués et les plus utiles (1). Leur lutte contre Richelieu n'a été qu'une légitime et naturelle défense, l'effet d'une prévoyance que l'événement n'a que trop justifiée. Ils savaient qu'en se laissant dépouiller de toutes leurs forces, ils perdaient toutes leurs sauvegardes. Le siége de la Rochelle était la préface de la révocation de l'édit de Nantes. La résistance même des protestans à cette époque doit être attribuée bien moins au protestantisme, qu'aux habitudes du siècle dans lequel ils vivaient. Lorsqu'ils prenaient les armes pour demander des villes de sûreté, ils obéissaient, comme l'observe très-justement M. de Rhulières, à l'esprit général des temps, plus qu'à l'esprit particulier de leur secte. Leur conduite sous Louis XIV a été plus irréprochable encore. C'est après soixante-dix ans d'une tranquillité que rien n'avait troublée et d'une loyauté non démentie, c'est après être restés étrangers à la crise orageuse de la Fronde qu'ils ont vu l'arrêt de proscription prononcé contre eux. Cet arrêt même, ils l'ont supporté avec une résignation admirable. Bossuet, dont la superbe intolérance se repaissait de leurs désastres ;

Bossuet qui a souillé sa gloire en exaltant les persécuteurs et en insultant aux victimes ; Bossuet leur rend cet hommage dans l'éloge de leur bourreau le plus acharné. C'est dans l'oraison funèbre de Le Tellier qu'il atteste que *tout est resté calme dans un si grand mouvement*. Quel mouvement, grand Dieu, que l'expulsion de cent mille pères de famille ! Quel mouvement que dix mille hommes expirant sur les échafauds ! Quel mouvement que le massacre d'innocens désarmés, réunis pour prier Dieu ! Quel mouvement, enfin, que les confiscations et les dragonades ! Sous le régent, malgré les intrigues de l'Espagne, la fidélité des protestans a été inébranlable. Privés encore durant le règne de Louis XV, des droits qui appartiennent à tous les hommes en société, quelles révoltes ont-ils excitées ? Quelle vengeance ont-ils tenté d'exercer ? et cependant, sous Louis XV, ils étaient arrêtés, bannis, traînés aux galères ; leurs ministres étaient condamnés à mort, et l'exécution du dernier arrêt de ce genre remonte à la date bien récente du 18 février 1762. Rétablis, sous Louis XVI, dans quelques-unes des conditions de l'existence civile, on ne les a point vus murmurer de ce que la justice qu'on leur avait rendue était incomplète. Ils n'ont point profité de ce qu'ils obtenaient pour s'arroger davantage. Leur nombre ne s'est point accru, preuve

évidente qu'il n'étaient animés d'aucun esprit
de prosélytisme. Jusqu'à la révolution, on ne
peut citer un acte de sédition, un délit quelconque, commis par un protestant pour cause
de protestantisme.

S'ils ont eu des torts, s'ils ont mérité la haîne
des catholiques, c'est donc depuis la révolution; et, en effet, c'est des événemens de cette
époque que veulent s'appuyer tous les apolo-
gistes des attentats de 1815.

En 1790, disent-ils, les protestans ont en-
sanglanté leur victoire; en 1793, ils ont partagé
les excès d'une révolution désastreuse; sous
Bonaparte, ils se sont emparés de toute l'autorité; durant les cent jours, ils ont profité d'un
ascendant passager pour menacer et pour op-
primer leurs adversaires.

Telles sont les accusations répétées depuis
près de deux ans, tantôt dans les libelles ano-
nymes, écrits ou commandés par les assassins
mêmes, tantôt dans les mémoires prétendus
justificatifs, destinés à pallier la connivence ou
à excuser la lâcheté.

Ces accusations viennent d'être reproduites,
comme je l'ai dit en commençant cette lettre,
dans un pamphlet récent, tel qu'il n'en a jamais paru, j'ose l'affirmer, chez aucun peuple
civilisé; tel que n'en ont jamais publié les révolutionnaires les plus fougueux ou les plus
atroces. Dans ce pamphlet, on érige en prin-

cipe les massacres populaires , on réclame ;
pour quiconque se dit offensé , le droit de vengeance illégale que l'homme abdique par cela
même qu'il entre en société. Enfin , l'on im-
prime que le meurtre ne fait que prévenir et
remplacer la justice.

Ne me demandez pas, Monsieur, comment
il arrive que, dans un moment où certes la liberté de la presse est suffisamment surveillée ,
et où les phrases les plus innocentes en apparence sont interprétées de manière à valoir
à leurs auteurs de longues détentions et d'é-
normes amendes , un tel pamphlet circule
librement sous les yeux du ministère public.
Je ne suis pas chargé d'expliquer ce phéno-
mène ; je raconte ce fait et je le prouve, laissant à MM. les avocats du roi le soin de nous
faire concevoir comment un livre où assassiner s'appelle remplacer la justice , et où , par
conséquent, la classe peu éclairée trouve d'a-
vance des apologies pour tous les désordres et
des justifications pour tous les crimes , est
moins dangereux que tel écrit où l'on insinue
qu'un préfet a commis quelque acte arbitraire,
ou qu'un maire a dépassé son pouvoir (2).

Le pamphlet dont j'ai parlé est dirigé contre
vous , Monsieur. Il est destiné à légitimer toutes
les horreurs commises à Nîmes. Pour y par-
venir, l'auteur attribue aux protestans les premières violences qui ont souillé la révolution

dans le Midi. Il y parle *des mille victimes égor-
gées par eux en* 1790, *lorsqu'aucun parti n'avait
encore souffert.* Il évoque contre eux les ombres
d'infortunés religieux qui ont péri dans un
mouvement à jamais déplorable , mais dont
j'indiquerai plus loin la cause et l'origine. Il
veut soulever jusqu'aux pierres des édifices dé-
vastés dans une émeute , pour détourner les
regards du public d'autres ruines encore fu-
mantes et ensanglantées; et après avoir peint
les protestans, à cette époque, comme des
assassins et des incendiaires, il les présente
comme ayont été plus tard les fauteurs, les fa-
voris, les seuls instrumens de Bonaparte.

Sans doute, lors même que ces assertions
seraient fondées, lors même que l'horrible
événement de 1790 serait le crime des protestans, ce crime ne légitimerait pas des attentats commis vingt-cinq ans plus tard, à
moins qu'on ne veuille établir parmi nous une
succession de meurtres et de vengeances. Sans
doute encore, il serait vrai que, durant les
dix années de l'empire, les protestans auraient
occupé toutes les places , qu'il n'en serait pas
plus équitable sous le règne de la charte, après
les mots *union* et *oubli,* de les priver des droits
qui sont garantis à tous les Français , et de
proposer au monarque constiutionnel d'imiter
ce que l'on reproche à l'homme qui s'était
saisi d'un pouvoir illimité.

Cependant, puisque les faits allégués sont faux, il est bon d'ôter ce misérable prétexte à des criminels démasqués, et de les chasser de leur dernier refuge. Je consacrerai donc à ce travail quelques pages, et je m'y livre avec d'autant moins de répugnance, que certes, en disculpant les protestans, je suis loin d'accuser les-catholiques. Il faut se pénétrer d'une vé-rité : depuis assez long-temps, il n'existe plus de fanatisme religieux ou politique. Les as-sassins de nos jours n'appartiennent à aucune croyance, comme ils n'appartiennent à aucune opinion. On leur fait trop d'honneur en les associant à une doctrine quelconque. Ceux de la classe supérieure veulent du pouvoir; ceux des classes inférieures du pillage. Ils arborent toutes les couleurs parce que leurs propres couleurs sont flétries; ils empruntent tous les masques, parce que tout déguisement diminue l'horreur qu'ils inspireraient en se montrant tels qu'ils sont.

Depuis le commencement de la révolution, jusqu'au mois d'avril 1790, Nîmes avait joui de la tranquillité la plus parfaite. L'union des catholiques et des protestans paraissait, et certainement dans la partie éclairée des deux communions elle était sincère. Sur huit dé-putés du tiers-état, cinq catholiques et trois protestans avaient été nommés (3). Les seuls symptômes d'agitation qu'on pût remarquer, c'étaient quelques brochures publiées dès le mois d'octobre 1789. Une de ces brochures était intitulée : *Pierre Romain*, *aux catholiques de Nîmes ;* une autre *: Lettre de Charles Sincère à Pierre Romain* (4). Dans la première on recommandait aux catholiques de fermer l'entrée des charges et des honneurs aux protestans, leurs ennemis nés ; dans la seconde, l'on examinait s'il ne serait pas avantageux d'expulser les protestans du royaume, et l'on conseillait aux habitans du Languedoc de révoquer ceux de leurs députés, et de désarmer ceux de leurs gardes nationaux, officiers et soldats, qui appartenaient à cette communion. Je ne pense pas qu'on attribue aux protestans ces brochures, qui néanmoins sont antérieures de six mois aux troubles dont on les accuse d'avoir été les auteurs.

Il paraît qu'elles produisirent peu d'effet. Tout resta calme jusqu'aux décrets de l'assemblée constituante sur les propriétés du clergé. Malheureusement, à cette époque, la révolution qui, dans ses premiers actes, n'avait froissé que des préjugés et des ambitions, en vint à froisser des intérêts. Ce n'est point ici le lieu de juger les mesures qui furent adoptées à cette époque. Sous quelque point de vue qu'on les envisage, soit qu'on les déclare conformes aux principes du droit public, ou simplement justifiées par les nécessités

financières, soit qu'on les condamne, comme
imprudentes et précipitées, il est évident qu'à
Nîmes, comme ailleurs, elles ne purent occa-
sionner de fermentation que parmi les catholiques. Les protestans durent y rester tout-à-
fait étrangers. Ce fut en effet parmi les premiers, que des symptômes d'agitation se
manifestèrent.

Le 20 avril 1790, des citoyens se disant
catholiques de Nîmes, prirent une délibération (5), où ils témoignaient de vives alarmes
sur le sort de la religion catholique, et où ils
protestaient contre tout changement dans la
hiérarchie ecclésiastique, réclamant pour le
catholicisme la jouissance exclusive des honneurs du culte public. Ils nommèrent des
commissaires chargés de transmettre cette
délibération aux diverses municipalités du
royaume, avec une lettre dans laquelle, au
nom de la religion et du roi, ils les sollicitaient
d'y adhérer (6).

Le 1er et le 3 mai, ce ne fut plus par des déli-
bérations ou par des libelles que les protestans
furent attaqués; des attroupemens se for-
mèrent contre eux : ils furent menacés, pour-
suivis, blessés : cette fois encore, ils n'oppo-
sèrent point la force à la force. Protégés à
peine par des autorités timides ou malveil-
lantes, ils se contentèrent d'invoquer la sauvegarde des lois; et j'ajouterai que l'immense

majorité de la population catholique de Nîmes
était si peu disposée à se laisser égarer par le
fanatisme, qu'en dépit de la faiblesse et de la
partialité de plus d'un magistrat, la procla-
mation de la loi martiale enfin obtenue, suffit
pour rétablir l'ordre. Je suis heureux de rendre
un pareil témoignage à cette majorité catholique. Il prouvera, j'espère, qu'en rétablissant
des faits, qui, défigurés, perpétuent depuis
trop long-temps des haines injustes, je n'accuse
aucune communion, et que je sépare d'un
petit nombre d'insensés et de brigands une population respectable (7).

Voilà donc, monsieur, trois occasions dans
lesquelles les protestans ne furent nullement
les agresseurs; et, jusqu'à présent, l'on ne
peut leur refuser le mérite prolongé d'une
patience soutenue et difficile.

J'arrive à la journée du 13 juin; journée
déplorable, où les deux partis se livrèrent à
d'inexcusables excès. Si je ne les décris pas
en détail, ce n'est certes point que je ne les
déteste également dans tous les partis; je
serais enclin même à les juger plus sévèrement
dans celui dont j'embrasse la défense. Il est
mille fois moins douloureux d'avoir à con-
damner ses adversaires que ses alliés. Mais la
question n'est pas, tout lecteur équitable doit
le sentir, de savoir si, dans la mêlée, au milieu du danger, après un triomphe disputé,

quelques protestans abjurèrent la modération
dont ils avaient si long-temps donné l'exemple.
La question est de déterminer si les protestans en général furent les auteurs des premiers
désordres qui signalèrent cette funeste journée ;
ou si, forcés à se défendre, ils abusèrent des
succès auxquels on les avait contraints malgré
eux. Pour décider cette question, trois faits
me paraissent plus que suffisans.

Premièrement, lorsqu'après le commencement de ces violences, deux hommes signalés
comme les chefs des perturbateurs voulurent
attribuer aux protestans les atteintes portées
à la paix publique, l'assemblée électorale,
composée en majorité de catholiques, déclara
dans un procès-verbal unanime, *qu'elle avait
vu avec indignation que ces deux hommes rejetaient sur les victimes de leur agression, et
sur celles de leurs complices, le coupable projet d'insurrection dont ils étaient eux-mêmes
les auteurs* (8). En second lieu, ce fut après
avoir enfoncé les portes d'un couvent, que les
protestans, innocens jusqu'alors de toutes
cruautés, n'imitèrent que trop (qui pourrait
ne pas en convenir et le déplorer) les misé-
rables qui les avaient provoqués : mais les témoins déposent que leurs ennemis, retirés
dans ce couvent, s'en étaient fait une citadelle
du haut de laquelle ils les fusillaient en liberté (9). Ce fut à la fin d'une journée entière,

qu'entourés des cadavres de leurs compagnons ainsi massacrés, ils s'emparèrent de ce réfuge de leurs assassins, et que l'ivresse de la victoire les rendit coupables. Troisièmement enfin, le mouvement qui occasionna toutes les calamités du 13 juin, avait si manifestement pris sa source dans les manœuvres du parti opposé aux protestans, que, lors même que ces derniers s'en furent rendus maîtres dans l'intérieur de Nîmes, ce mouvement conserva dans les campagnes sa direction première. *Le peuple*, dit un document bien authentique, *égaré par des insinuations perfides, et convaincu que la religion catholique était en danger, croyait devoir la venger, et des forfaits exécrables furent commis avec un sang-froid qui glace d'épouvante* (10). Ces forfaits, d'une portion des catholiques, je ne les détaillerai pas non plus. Ceux qui les connaissent, ceux qui peuvent les retrouver dans des ouvrages ouverts à tout le monde, me sauront gré de mon silence.(11).

Jetons un voile sur tant d'horreurs ! Reconnaissons que, la guerre une fois engagée, les deux partis ont mérité de cruels reproches. Mais n'accusons pas ceux qui long-temps étaient demeurés victimes patientes, d'avoir donné le signal des excès qu'ils n'ont que le tort d'avoir imités. *Quel intérêt avaient, en effet, les protestans à exciter des troubles ? qu'avaient-ils à regretter ? que perdaient-ils ? Ce n'était point*

aux protestans que la révolution enlevait des
privilèges flatteurs ; des dignités éminentes,
un rang éclatant dans la contrée, des richesses
immenses : ils gagnaient tout à la révolution,
car ils étaient privés de tout sous l'ancien ré-
gime. Ils recouvraient la plénitude des droits
civils ; et , voués aux manufactures et au com-
merce , ils devaient désirer la tranquillité publique , et voir avec un transport s'établir un
gouvernement libre , dont l'heureuse influence
devait ajouter à leur fortune en favorisant leur
industrie , et en agrandissant leurs relations
commerciales (12). Qu'on n'attribue donc plus
aux protestans de Nîmes les malheurs de 1790 ;
qu'on ne s'en autorise pas pour légitimer les
attentats de 1815; et qu'enfin, aujourd'hui
que tous les partis sont désarmés, l'ère de la
réconciliation commence !

Vous remarquerez, sans doute , Monsieur,
que j'ai laissé de côté un fait qui m'eût fourni
des armes bien plus acérées et bien plus irré-
sistibles que toutes celles que j'ai employées.
Je n'ai point parlé de cet étrange mémoire,
rédigé , imprimé, publié par l'un des chefs de
la révolte et des massacres exercés sur les
protestans en 1790 ; mémoire dans lequel cet
homme se vante d'avoir travaillé à organiser,
sous un prétexte religieux, la guerre civile dans
le midi (13). Ce mémoire toutefois existe ; il est
authentique ; plusieurs exemplaires en sont dé-

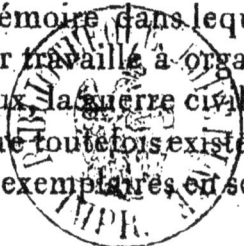

posés dans des mains sûres : je le possède moi-même. Mais il tient à des questions trop délicates; il réveillerait des souvenirs trop tristes ; et, si je n'y suis pas réduit par des dénégations imprudentes, ou par des attaques qui seraient mal calculées, je ne m'en prévaudrai pas.

Je crois avoir rempli la première partie de ma tâche. *Les protestans n'ont point immolé de victimes à Nîmes, lorsqu'aucun parti n'avait encore souffert* (14). Les premières victimes immolées ont été des victimes protestantes.

Je passe à la seconde assertion. Les protestans de Nîmes ont-ils exercé de l'ascendant durant la révolution? En ont-ils abusé ? Se sont-ils emparés de toute l'autorité sous Bonaparte ? Etrange délire de leurs accusateurs! Tout ce qu'ils allèguent contre les hommes qu'il veulent attaquer retombe sur le parti qu'ils pensent défendre ; et si je n'étais pas empressé moi-même de répéter sans cesse que la religion n'a rien de commun dans notre siècle avec les fureurs des factions et les désastres des guerres civiles, les réfutations auxquelles me forcent ces prétendus catholiques si zélés, deviendraient en apparence des accusations contre les catholiques

En effet, après le 31 mai 1793, toutes les autorités établies à Nîmes, et parmi lesquelles siégeaient quelques protestans, furent destituées par un conventionnel catholique. Un

catholique fut nommé maire, un tribunal
révolutionnaire fut organisé, et tous les
membres de ce tribunal furent pris parmi les
catholiques. Ce tribunal condamna à mort
cent quarante-six victimes, et dans la liste de
ces victimes, on voit les noms de cent vingt-
cinq protestans, signataires de l'adresse en
faveur de Louis XVI, après la journée du 20
juin 1792. Plus de cinq cents protestans furent
mis hors la loi, ou portés sur des listes d'émi-
grés. Leurs biens furent vendus ; leurs femmes,
leurs enfans emprisonnés. Plus de deux mille
furent arrêtés comme suspects.

Mais, sous Bonaparte, ils ont été les prin-
cipaux instrumens de son gouvernement des-
potique (15)! Répondons de nouveau par des
faits positifs, par des calculs précis. Vous-
même, monsieur, semblez avoir ignoré quelques uns de ces faits, et n'avoir pas eu les
données de ces calculs, car vous me faites,
dans votre lettre, l'honneur de me dire que
les protestans et les catholiques eurent, sous
l'empire, un partage à-peu-près égal dans les
emplois et les administrations. Or, jusqu'au
31 mars 1814, il y a eu deux cent soixante
habitans de Nîmes, ou du département du
Gard, appelés, soit aux différens corps légis-
latifs, soit aux emplois administratifs ou judi-
ciaires. Sur ces deux cent soixante employés,
il y a eu soixante-quatre protestans et cent

2

quatre-vingt-seize catholiques. En 1811, le
tribunal civil et le tribunal d'appel furent
établis à Nîmes, et sur quarante-cinq individus qui y entrèrent, il y eut quarante-un
catholiques et quatre protestans.

A qui fera-t-on croire, en effet, que les protestans eussent tant de droits à la bienveil-
lance de Bonaparte ? Y avait-il disette de cátho-
liques pour le servir? Manquait-il de préfets
pour vanter le restaurateur du culte, et d'é-
vêques pour célébrer le conquérant du monde?
Les mandemens étaient-ils tellement rebelles,
qu'il lui fallût recourir aux prônes? Favorisait-
il le protestantisme, celui qui, lorsque tous
les liens avec la cour de Rome paraissaient
rompus, a conclu au nom de la France un
concordat qui n'est devenu tolérable que
comme point de comparaison ? Favorisait-il
le protestantisme, celui qui, dans ses mani-
festes contre l'Angleterre , dénonçait aux
fidèles les hérétiques Anglais ? Certes, je ne
veux pas insinuer que Bonaparte préférât un
culte à l'autre. La véritable religion est toujours amie de la liberté ; et quiconque veut
un pouvoir absolu, rencontre dans toutes les
religions des bornes importunes. Mais Bonaparte, tel que nous l'avons connu, avec le
génie qui en fit un héros, avec les erreurs qui
en firent un despote, pouvait-il aimer le protestantisme, qui, en France, a devancé, dans

ses conceptions hardies, les premières idées de liberté politique; le protestantisme, qui, sous Charles-Quint, a mis un obstacle à la monarchie universelle; le protestantisme auquel l'Angleterre doit le triomphe du système représentatif?

Il me reste à traiter de la part que les protestans du Gard ont prise à la révolution du 20 mars. Quant à leur conduite durant les cent jours, et à l'affreuse réaction dont ils ont été victimes, tout se trouve dans les trois parties de votre excellent ouvrage. Je pourrai donc, après avoir rétabli encore quelques faits antérieurs, tâcher de répondre aux questions que vous m'avez adressées, et, m'appuyant de la connaissance du passé, essayer de tracer des règles pour l'avenir.

J'ai l'honneur d'être, etc.

BENJAMIN CONSTANT.

2.

SECONDE LETTRE.

MONSIEUR,

J'ai dit, en terminant ma première lettre, que j'examinerais encore, avant de répondre à vos questions, la conduite des protestans au moment du retour de Bonaparte. Je ne m'arrêterai cependant pas à réfuter certains griefs qu'on veut faire remonter à 1814, griefs qui ont pu être accueillis en 1815, comme ils l'avaient été sous une autre forme en 1793, mais qu'il suffit maintenant d'énoncer, pour les couvrir du ridicule et du mépris qu'ils méritent. Les uns reposent sur la suppression d'une devise, royaliste il est vrai, mais qui ressemblait déplorablement aux inscriptions révolutionnaires (16). Les autres sur une pensée coupable (17), ou sur une ariette d'un opéra connu (18), ou sur un projet que rien n'atteste, ou sur le nom d'un café (19), ou même sur le silence (20).

Certes, si je laisse de côté ces griefs absurdes, ce n'est pas qu'ils pussent m'embarrasser dans la défense que j'ai entreprise. Il me serait facile de prouver que ce que l'on a nommé la malveillance des protestans en 1814, n'était qu'une inquiétude assez naturelle. Cette inquiétude ne provenait d'aucun doute sur les intentions du Roi. Mais elle était le produit inévitable des démonstrations imprudentes de quelques hommes qui voulaient alors, comme ils le veulent encore aujourd'hui, faire tourner tous les événemens au profit d'une faction (21). Ces hommes, dès le 13 avril 1814, avaient troublé, par des insultes prodiguées au maire, en sa qualité de protestant, des réjouissances publiques (22). Dans le mois de mai, ils avaient invoqué le pouvoir absolu au lieu de la constitution que Louis XVIII avait promise (23). Ils avaient déposé chez un notaire une pétition pour solliciter le rétablissement des Jésuites (24). Enfin, durant dix mois, ils avaient répandu l'incertitude et l'alarme sur la liberté des cultes, comme sur toutes les autres garanties que la charte a consacrées. Toutefois, les protestans ne fournirent, par aucun acte, un prétexte d'accusation raisonnable; et, pour les calomnier, il a fallu recourir à la logique et aux inductions dont la loi des suspects nous a laissé un si brillant et si heureux modèle.

Je n'ai point retracé ces imprudences de leurs ennemis, afin de me livrer à des récriminations contraires au but que je me propose, mais afin d'indiquer que, si je repousse ce genre de souvenirs, ce n'est nullement que les protestans aient besoin de mes réticences, mais parce que je retranche tout ce qui, n'étant pas indispensable, réveillerait sans utilité des ressentimens qu'il faut étouffer. Pour juger l'innocence ou la culpabilité des protestans lors du retour de Bonaparte, la seule chose qu'il importe de déterminer, c'est à quel point ils ont contribué à son triomphe avant la soumission du reste du royaume. Or, la révolution du 20 mars n'était-elle pas accomplie, le roi et les ministres n'avaient-ils pas quitté Paris, les chambres n'étaient-elles pas dissoutes, tous les centres auxquels les protestans auraient pu se rallier pour défendre le gouvernement royal, n'avaient-ils pas disparu treize jours avant que le drapeau tricolore ne flottât dans Nîmes (25). Si aucune de ces questions ne peut se résoudre qu'affirmativement, si Nîmes est l'une des dernières villes qui ait arboré l'étendard de l'empire, si le département du Gard n'a cédé qu'avec la France, et après la France, Nîmes, le Gard, et les protestans qui l'habitent, n'ont aucun tort particulier. Pour les regarder comme coupables, il faudrait prouver qu'avant le débarquement de l'ex-empereur, ils ont conspiré pour lui. Mais les preuves d'une conspiration pareille, recherchées long-temps et partout avec le zèle le plus implacable, n'ont pu se trouver nulle part. Croit-on qu'on les eût passées sous silence si elles se fussent offertes, ou si elles eussent pu être découvertes ou seulement supposées par des hommes qui en avaient besoin pour se justifier, et qui devaient transformer en criminels leurs victimes, sous peine de s'avouer eux-mêmes les plus odieux et les plus lâches des criminels ?

Maintenant, monsieur, j'aurais à traiter des événemens des cent jours, et de l'horrible réaction qui les a suivis : mais vous avez vous même approfondi ce sujet avec tant d'étendue et tant de clarté, qu'il ne me reste rien à dire. Aucun des faits que vous avez allégués, n'a été réfuté de manière à ébranler la conviction des hommes impartiaux. Vous avez repoussé victorieusement, et par des preuves incontestables, quelques dénégations audacieuses. Vos adversaires mêmes ont confirmé vos assertions par les aveux qui leur ont échappé, ou malgré eux, ou à leur insu. Le succès a déjà, en récompensant vos efforts, rendu hommage à votre véracité. Les mesures réparatrices qui ont eu lieu, et celles qui s'annoncent, sont en partie la suite d'une publicité salutaire à laquelle vos écrits ont puissamment contribué.

Je puis donc m'affranchir de la tâche affligeante de raconter encore des crimes et des erreurs, et me livrer au travail plus doux d'indiquer les moyens de réparer ces erreurs et de faire oublier ces crimes.

Je prends vos questions dans l'ordre dans

lequel vous me les avez adressées, monsieur, et je les transcris pour essayer de les résoudre l'une après l'autre.

« Existe-t-il, demandez-vous, un moyen » d'opérer une fusion entre les catholiques et » les protestans, formant des sociétés séparées, » et quel est ce moyen ? »

J'ai dit précédemment que je ne croyais point les dissentions religieuses susceptibles, de nos jours, d'exciter un véritable fanatisme. Ceux qui s'en servent comme d'une arme sont, au fond de l'âme, indifférens à toute croyance. On ne fait point de la religion un instrument, quand on la respecte. Ceux qui se rendent les agens des vengeances illégales que l'on couvre de ce prétexte, sont mus par des motifs plus ignobles qu'ils s'empressent de déguiser. L'histoire des troubles du Gard prouve ces deux assertions d'une manière évidente. Mais, indépendamment des haines que la religion peut faire naître, il y a une autre espèce de haines qui peuvent être produites et prolongées dans les partisans de chaque croyance, par une malheureuse conviction que les sectateurs de la croyance opposée nourrissent contre eux des desseins funestes. Les catholiques ne sont plus, comme dans les temps d'intolérance, disposés à faire main basse sur les protestans pour les forcer à devenir catholiques. Les protestans ne l'ont jamais été à contraindre les

catholiques à se faire protestans. Mais la partie
peu éclairée des uns et des autres peut encore
ajouter foi à des suggestions perfides, et cé-
dant à la persuasion qu'elle est menacée, se
trouver entraînée à l'attaque lorqu'elle ne
songe qu'à la défense. Ainsi, comme vous le
rapportez vous même, les habitans des Cé-
vennes sont doux et paisibles : mais une nouvelle imprévue peut troubler leur tranquillité,
et répandre dans leurs montagnes une alarme
universelle. Au bruit d'un danger pour leurs co-
religionnaires, ils deviennent terribles envers
ceux qu'ils croient leurs ennemis. De même,
dans l'année 1790, ce fut en répandant le bruit
que les catholiques étaient proscrits, qu'on
souleva contre les malheureux protestans les
villages voisins de Nîmes.

Ce n'est donc pas le fanatisme proprement
dit, c'est la crainte et la défiance réciproque
qu'il est désirable d'extirper. Prouvez à chacune
des communions que l'autre ne veut et surtout
qu'elle ne peut pas lui faire du mal, vous les
verrez toutes deux tranquilles. Cette conviction doit précéder les mesures partielles que
vous indiquez, monsieur, et dont je reconnais
d'ailleurs la sagesse, mais qui resteraient sans
effet, aussi long-temps que les appréhensions
ne seraient pas dissipées.

Or, comment produire cette conviction ?
Remontons à quelques principes bien simples.

Qu'est-ce qui maintient l'ordre dans les sociétés? N'est-ce pas la fermeté et l'impartialité du pouvoir suprême ? Ce moyen, qui s'applique aux germes innombrables de dissentions et d'inimitié, résultats nécessaires de l'opposition des intérêts, est le seul dont le succès soit infaillible. Quand le gouvernement n'est pas d'une impartialité constante et complète, tous les autres palliatifs sont inefficaces. Protection à tous les innocens, châtiment pour tous les coupables, et la sécurité renaîtra ; et cette sécurité produira aussitôt l'amour de l'ordre. Il est inhérent à l'homme. L'immense majorité, la presque totalité des individus qui composent les associations humaines, n'a de bien-être, de prospérité, de moyens d'industrie, qu'au sein du repos. Le gouvernement qui garantit ce repos, est sûr d'être entouré et soutenu par une masse innombrable et invincible. Par le mot de repos, j'entends la liberté légale ; car, sous l'arbitraire, il n'y a point de repos. Pourquoi les propriétaires et les non-propriétaires, dont les directs intérêts semblent bien opposés, ne sont-ils pas dans une lutte constante ? C'est que les uns savent que la loi les protège dans ce qu'ils possèdent, les autres qu'elle les garantit dans ce qu'ils acquièrent par le travail ; et, en conséquence, ils transigent, au lieu de combattre. Appliquez ce principe à la religion comme à tous les autres intérêts, à toutes les autres passions des hommes. Que chaque croyance sache en même temps, et qu'elle est en sûreté, et qu'elle ne peut rien contre les croyances différentes : toutes co-existeront en paix.

Sans doute, si les agens d'un gouvernement avaient pratiqué long-temps un système déplorable de bascule ; si, appelant tour-à-tour à l'appui de leur politique incertaine et vacillante chaque opinion et chaque intérêt, ils les avaient armés de leurs propres mains, pour effrayer le parti ou l'intérêt opposé, jusqu'à ce que, effrayés eux-mêmes de la force de leurs alliés du moment, ils se fussent jetés de l'autre côté, reniant et livrant leurs précédens auxiliaires, cette conduite astucieuse et faible aurait répandu sur leur sincérité de tels doutes, que les premières preuves d'impartialité qu'ils donneraient, ne suffiraient pas pour rassurer la confiance effarouchée. Mais elle reviendrait néanmoins, si l'impartialité était durable. Les gouvernés ont besoin de se fier aux gouvernans. Ils oublient volontiers les fautes qu'on répare. Quelques actes de fidélité financière font renaître le crédit après mainte banqueroute ; quelques actes de justice raniment la sécurité après des années d'arbitraire.

Bonaparte nous a légué un mémorable exemple de la possibilité de fondre ensemble les partis, soit politiques, soit religieux, et de la rapidité avec laquelle cette fusion s'opère, quand la volonté de l'opérer est ferme, et surtout quand elle est franche. Sous son empire, et malgré son concordat de 1802, les protestans sont toujours restés en paix. Bien que le le principe de tout concordat avec le chef d'une église soit une préférence accordée à cette église, et, par conséquent, une défaveur pour les autres croyances, cependant la connaissance qu'avaient les protestans de l'impartialité, ou, si l'on veut, de l'indifférence du chef de l'Etat, leur conviction qu'il ne permettrait point qu'ils fussent persécutés, les préserva de toute inquiétude ; et les catholiques ne songèrent jamais à faire valoir une prééminence idéale, parce que les partis s'arrètent toujours devant ce qu'ils savent n'être pas possible.

A Dieu ne plaise que je recommande au gouvernement actuel d'imiter Bonaparte sous d'autres rapports ! Mais le talent des hommes d'Etat est de profiter de toutes les expériences. Il serait fâcheux que l'on marchât sur ses traces, pour emprunter des traditions d'arbitraire, et qu'on s'en écartât précisément dans ce qui tient au respect pour les consciences et à la liberté des opinions religieuses.

Cette première base étant posée, et l'impartialité de tous les agens du gouvernement mise hors de doute, j'adopterais volontiers, comme moyen local et subsidiaire, la société de bien-

faisance dont vous présentez le plan, et que
vous voudriez composer d'une portion égale
des commerçans les plus riches des deux religions. Mais je désirerais écarter de cet établissement toute intervention de l'autorité. Je ne
voudrais pas qu'un négociant, qui aurait refusé
d'être membre de cette association, pût être
signalé comme n'étant pas ennemi des troubles.
Si l'on veut rester fidèle aux principes de la liberté individuelle (et s'en écarter, c'est marcher à tâtons vers un abîme), il ne faut exiger
d'aucun citoyen ce qui n'est pas d'obligation
stricte. Le préjugé qui empêcherait un catholique de s'associer à des protestans dans un but
de bienfaisance, serait absurde sans doute :
mais on ne peut savoir comment les préjugés se
glissent dans la tête des hommes, et par quelle
route détournée ces préjugés, se rattachant
à la conscience, se transforment en scrupules.
Alors l'autorité les irrite, et ne les surmonte
pas. D'ailleurs, quel emploi ferait-on de ces *signalemens* fâcheux? Ils ne pourraient servir devant les tribunaux. Exciter des troubles, ou y
participer, est un délit : mais n'être pas ennemi des troubles ne saurait trouver une place
dans aucun code pénal. Ces *signalemens* seraient-ils destinés à motiver, dans des circonstances extraordinaires, des mesures extraordinaires, des lois d'exception? Loin de nous cette
idée, Monsieur ; ni vous, ni moi, ni aucun

ami de la charte ne peut admettre cette pensée.
Le règne des lois d'exception doit être fini, ou
la révolution ne sera jamais finie.

Vous rendrez justice, je l'espère, aux motifs
qui me dictent ces objections. Mon estime sincère pour vos intentions et vos lumières me fait
une loi de chercher à m'éclairer avec vous et
de vous soumettre tous mes doutes.

« Peut-on, sans danger, telle est votre se-
» conde question, mêler des hommes des dif-
» férens cultes dans la garde nationale ; et si
» l'on ne le peut pas, lequel vaut mieux, ou
» d'en avoir une composée d'hommes d'une
» seule religion, ou de n'en point avoir? »

La réponse à cette question devient moins
urgente, depuis les sages mesures qui ont or-
donné la dissolution de la garde nationale du
Gard (Ordonnance royale du 26 juillet 1818).
Cependant, comme sa réorganisation défini-
tive est annoncée dans la même ordonnance,
je pense avec vous, Monsieur, qu'avant de
mettre en présence des hommes armés que
des ressentimens trop récens agitent encore,
il faut que la force publique soit bien assurée
de maintenir l'ordre : et, quoique la garde nationale me paraisse l'une de nos plus salutaires
et nobles institutions, un ajournement vaut
mieux que le renouvellement de scènes cruelles
qui ont l'inconvénient double de jeter de la défaveur sur la plus civique garantie de notre tran-

quillité intérieure, et de léguer à l'avenir de nouvelles causes de haine et de nouveaux germes de discorde.

« Comment peut-on dissiper, continuez-
» vous, la crainte qui empêche les témoins
» d'un crime d'aller déposer, et qui force ainsi
» les tribunaux à acquitter les assassins?»

Je crois avoir répondu à cette question, en examinant la première de celles que vous m'avez proposées. Comme vous le remarquez très-bien, la translation des procédures dans un autre département ne suffit pas. Le danger qu'on veut prévenir attend les témoins à leur rentrée. C'est à la fermeté du gouvernement, à la surveillance de la police, à la sévère impartialité de l'autorité locale à les rassurer, en les entourant d'une protection forte et vigilante. On s'exagère beaucoup la difficulté. N'avons-nous pas vu, dans le fameux procès de Rhodez, tous les moyens mis en œuvre pour que les témoins fussent glacés d'épouvante? N'annonçait-on pas une ligue secrète déterminée à punir l'indiscret qui trahirait les auteurs du crime! Aucun témoin cependant n'a péri; aucun n'a même été attaqué. Toutes les fois qu'un gouvernement veut le triomphe de la justice, il est le plus fort. Avec les moyens immenses que nos lois donnent aux dépositaires du pouvoir pour étouffer toutes les semences de désordre, c'est toujours leur faute, si les citoyens que la justice appelle à déposer devant elle ont le sentiment qu'il y a du danger. Le préfet, dans le département duquel un témoin tremble de dire la vérité, est un préfet mal intentionné ou un préfet inepte. Dans les deux cas, il faut ôter à ses mains suspectes ou inhabiles la direction d'un pouvoir dont il ne sait ou ne veut pas faire usage.

En général, Monsieur, je profiterai de cette occasion pour dire qu'on me paraît, à plus d'une époque, s'être prescrit, parmi nous, la règle opposée à celle que tracent l'intérêt public et celui du gouvernement. L'on a pardonné la désobéissance dans les agens, et l'on s'est irrité de l'opposition dans les citoyens. L'on a oublié que dans les premiers l'obéissance était un devoir, et que dans les seconds les réclamations étaient un droit. Autant le gouvernement doit être lent et scrupuleux avant de sévir contre l'individu qui, n'occupant aucune place et vivant de sa fortune ou de son industrie, n'a d'obligation envers l'autorité que de respecter les lois et d'acquitter les charges publiques, autant il doit être prompt à destituer le fonctionnaire qui marche dans une direction opposée à la sienne. Il faut bien se convaincre qu'une destitution n'est point une peine; que le gouvernement ne doit d'emplois qu'à ceux qui les remplissent suivant ses intentions; que celui qui ne veut pas les remplir

ainsi peut être un citoyen très-estimable, mais
qu'il ne doit pas feindre de servir une autorité
qu'il désapprouve ; que ses droits individuels
demeurent sacrés, mais que sa place doit lui
être ôtée. Souvent, on a fait tout le contraire.
On a toléré dans les agens ce qu'on eût puni
sévèrement dans les particuliers. Mille arres-
tations arbitraires ont quelquefois été plus fa-
ciles à obtenir qu'une destitution légale ; et,
de la sorte, on a sans cesse eu l'anarchie, et
l'on n'a pas eu la liberté.

Aucun système n'est plus désastreux, plus
propre à corrompre tous les dépositaires du
pouvoir dans les différens degrés de la hiérarchie, plus destructif de toute confiance et de
toute estime, que cette espèce de tolérance,
dont notre histoire constitutionnelle nous offre
malheureusement de trop nombreux exemples.
En contemplant l'indulgence bizarre témoignée à des agens indisciplinés, le peuple ne
sait plus quelle est la véritable pensée du gouvernement ; Il ouvre l'oreille aux suggestions
les plus dangereuses. La faction vaincue se pré-
vaut de cette tolérance inexplicable, comme
d'une preuve qu'elle est l'objet d'une faveur
secrète, et que l'autorité ne tardera pas à lui
revenir. L'insubordination descend de degré
en degré : chacun craint de se compromettre
en exécutant les ordres qu'il reçoit. La désobéissance devient un calcul. On ne sert le gou-

vernement qu'en apparence, en rendant hommage par la connivence ou par l'inertie à la
force occulte, qui paraît d'autant plus redou-
table, qu'elle est mystérieuse. Alors la justice
se ressent de la désorganisation générale. Les
juges craignent d'appliquer les lois, les jurés
de déclarer les faits, les témoins de révéler ce
qu'ils savent. Chacun cherche à se créer des
titres auprès du parti qu'il considère comme
l'héritier de la puissance. De là le relâchement
dans les poursuites, l'irrégularité dans les procédures, les réticences dans les témoignages,
le scandale dans les absolutions.

C'est donc au gouvernement qu'il faut s'a-
dresser; c'est à lui à faire, non-seulement,
comme vous le dites, que les hommes qui auraient osé parler ailleurs soient certains d'être
en sûreté à Nîmes; mais que même, dans Nîmes, parler devant la justice, ne soit pas un
péril.

« Vous me demandez enfin, Monsieur, si la
» liberté des élections peut exister dans une
» ville où une moitié des habitans tremble de-
» vant l'autre ? »

Non, sans doute; mais une moitié des habitans ne tremblera plus devant l'autre, quand
les autorités seront impartiales et inébranla-
bles dans leur impartialité. Je suis contraint
sans cesse à revenir à la même idée. La liberté
des peuples est confiée à l'énergie de leurs re-

présentans : mais la sûreté des individus est
sous la sauvegarde de l'autorité exécutive. Les
dépositaires de cette autorité sont responsables
de tous les attentats qu'ils négligent de répri-
mer. Les mêmes moyens qui maintiendront la
la paix entre les protestans et les catholiques,
les mêmes moyens qui donneront aux témoins,
dans les procédures criminelles, le courage de
rendre hommage à la vérité, assureront aussi
la liberté des élections. Tout se tient dans l'ad-
ministration des Etats. Quand toutes les
croyances jouissent de la protection qui leur
appartient à toutes également, quand les crimes sont punis, quel que soit l'étendard de la
faction qui s'en rend coupable, la tranquillité
règne, les citoyens exercent leurs droits, les
élections sont libres.

Mais, Monsieur, un gouvernement qui veut
que les partis respectent cette liberté, doit la
respecter lui-même. Si un ministère imaginait
que les élections ne doivent être que des cé-
rémonies illusoires, se reproduisant périodi-
quement, pour donner aux actes de l'autorité
une sanction trompeuse ; s'il prétendait placer,
par la ruse ou la crainte, sur les bancs de la re-
présentation nationale, des hommes à lui,
nommés par lui, payés par lui, révocables par
lui ; s'il voulait que les employés du gouvernement fussent en même temps les manda-
taires du peuple, proposant au nom du pre-

3.

mier, acceptant au nom de l'autre, et faisant
ainsi de la tribune le théâtre d'un long mono-
logue, divisé en demandes et en réponses,
mais récité en chœur par les mêmes voix : ce
ministère, forcé, pour atteindre un but aussi
anti-national, de s'appuyer sur une faction
quelconque, réveillerait les factions assoupies,
afin de traiter avec elles ; il leur rendrait de
l'existence par ses appels, de l'importance par
ses promesses, de l'irritation par ses manques
de foi ; et ce serait bien à tort qu'il se flat-
terait qu'après les avoir ainsi ressuscitées,
pour un objet particulier, il les empêcherait
de franchir ce cercle. Elles se seraient retrou-
vées en présence, elles s'attaqueraient sur tous
les terrains ; et les discordes, et les attentats,
fruits inévitables des haines ranimées, seraient
le résultat d'un calcul aussi dangereux qu'in-
constitutionnel.

Je ne me livrerai point ici aux développe-
mens dont cette matière serait susceptible.
J'aime à croire, qu'instruit par l'expérience, le
ministère sentira qu'il doit rester impartial
pendant que le peuple exerce ses droits. Il n'ou-
bliera pas que ses alliés subits des élections
dernières sont aujourd'hui ses ennemis les plus
implacables, et que sa transaction d'un jour
lui a valu de leur part des reproches et des attaques de toute une année. Dans les départe-
mens, les préfets ne se permettront point des

moyens qui, même en réussissant, laissent au moins une tache fâcheuse sur qui les emploie. Ils n'imposeront point des exclusions arbitraires et injustes, comme prix des réparations et des actes de justice. Ils ne répandront point de fausses nouvelles, ils n'accréditeront point de bruits calomnieux. De leur côté, les citoyens réfléchiront que, s'ils ont déjà obtenu quelque chose, ils doivent ce qu'ils ont obtenu aux hommes qui l'ont demandé, et non pas à ceux qui disaient toujours que tout était bien; et ils ne verront qu'une dérision bisarre dans la promesse de les écouter, à condition qu'ils renonceront à choisir des organes qui aient le courage de se faire entendre.

Agréez encore une fois, Monsieur, mes remercîmens pour la confiance que vous m'avez témoignée, et pour l'occasion que vous m'avez fournie de plaider une cause qui est celle de ma famille et la mienne, et qui intéresse l'esprit humain sous le rapport des lumières; la France, sous celui de l'industrie et de la tranquillité publique; la morale, parce la tolérance est une partie essentielle de la morale; l'humanité, enfin, parce qu'il s'agit d'effacer les vestiges et de prévenir à jamais le retour d'une persécution qui, sous diverses formes, a duré trois siècles.

J'ai l'honneur d'être, etc.

BENJAMIN CONSTANT.

NOTES

ET

PIÈCES JUSTIFICATIVES.

(1) Les protestans, dit le cardinal d'Ossat, n'ont rien attenté, ni contre Henri IV, ni contre aucun des cinq rois, ses prédécesseurs, *quelque boucherie que leurs majestés aient faites desdits huguenots*. J'emprunte cette citation à mon ami et collaborateur, M. Aignan, dans son excellent ouvrage sur l'État des protestans en France, dont la seconde édition vient de paraître.

(2) Voyez l'impartial, en réfutation de l'écrit intitulé : *Marseille, Nîmes, et ses environs, en* 1815 ; Nîmes, de l'imprimerie de Gaude fils. Je ne serais pas étonné si mes lecteurs refusaient de croire qu'à une époque où les principes de l'humanité, de la justice et du respect pour les lois, sont adoptés par l'immense majorité d'une nation qui ne veut plus ni révolution ni despotisme , l'esprit de parti, ou plutôt l'ivresse du crime, ose professer des maximes que les assassins du 2 septembre auraient à peine avouées. En conséquence, je vais appuyer de citations ce que j'ai affirmé. Mais je prends au hasard les phrases qui se présentent, et j'avertis que j'en laisse de côté une foule d'autres où le même esprit règne, et dont les expressions ne sont ni moins claires, ni moins subversives de toutes les bases de l'état social. « Quel- » ques victimes ont payé de leur sang le salaire dû à » des forfaits trop nombreux; » p. 66. Ainsi le salaire dû aux hommes prévenus d'un crime, ce n'est pas l'examen,

ce ne sont pas les formes, ce n'est pas un jugement, c'est l'assassinat au coin des rues. « On sait, quoiqu'en
» dise M. Durand, que les victimes, dont il se plaît à
» augmenter le nombre, avaient *en grande partie*
» *mérité leur sort*, et que la vengeance de quelques
» *royalistes* du Gard n'a fait au fond que *remplacer*
» *et prévenir la justice*; » p. 7. Ainsi des hommes peuvent *mériter* d'être assassinés. C'est la justice *remplacée*, que le meurtre, l'incendie et les tortures. Pourvu que ceux que l'on immole soient *en grande partie* coupables, peu importe que d'autres qui ne sont pas compris dans cette *grande partie* périssent de la sorte. Les *royalistes* sont sans reproche, et ils ont le droit de massacrer sans distinction. «Lorsque, vaincus encore, » (les protestans, après la seconde abdication de Bonaparte) « on *punit*
» quelques-uns des plus coupables, ils *crient* à la tyran-
» nie et à l'injustice. Ils appellent des brigands et des
» monstres ceux qu'ils ont *forcés* à *punir* leurs forfaits
» toujours renaissans. Ils implorent le pouvoir du roi
» en tramant *peut-être* déjà dans l'ombre quelque nou-
» velle conspiration, et lui demandent de punir ses dé-
» fenseurs innocens, pour venger ses ennemis cou-
» pables; » p. 63. Toujours *punir* pour *assassiner*, s'irriter contre ceux qui se plaignent en tombant sous les poignards, s'indigner de ce qu'on dit que des meurtriers sont des monstres, les peindre comme forcés à leurs attentats, trouver naturel qu'on massacre des gens qui *peut-être* conspirent dans l'ombre, appeller *innocens* ceux qui tuent, et *coupables* ceux qui sont tués, la terreur a-t-elle rien fait de mieux? Mais la terreur a flétri la république et la liberté. Pense-t-on que, sans le 5 septembre, la monarchie eut été à l'épreuve des prétendus royalistes d'aujourd'hui? Encore une citation, c'est la plus remarquable; car c'est le développement du système, c'est la profession de foi du parti. « Cet homme

» si terrible (Trestaillon), après avoir éprouvé dans la
» révolution tout ce dont les protestans sont capables,
» se vengea-t-il au premier retour du roi en 1814? Tout
» altéré de sang que M. Durand veut bien le peindre ,
» trouve-t-il quelques accusations à lui faire à cette
» époque ? Mais en 1815, après qu'il a de nouveau
» montré son dévouement à son roi, de nouveau on le
» persécute, on incendie ses propriétés. Il court les plus
» grands périls, sans autre crime que d'avoir rempli son
» devoir avec zèle, et M. Durand trouve *étrange*, trouve
» horrible, qu'il n'ait pas *pardonné* encore à ses derniers
» assassins, qu'il n'ait pas attendu une troisième fois
» pour les punir?» C'était donc à Trestaillon à voir quand
il devait *punir* et quand il devait *pardonner*. C'était à
lui à examiner s'il lui convenait ou non de se faire justice à lui-même ! Les lois, les tribunaux, les formes ju-
diciaires, tout devait disparaître devant la sentence qu'il
prononçait seul dans sa propre cause et sans appel, et
que sa main se chargeait d'exécuter! Je ne recherche
point ce qu'il a fait. Je parle de la doctrine que l'on établit.
C'est le code des sauvages, introduit en France par de
soi-disant royalistes, au nom de la royauté. Comme si,
dans tout ce qui se rapporte à ces soi-disant royalistes,
le ridicule devait égaler l'odieux, je donne aux lecteurs
à deviner quelle épigraphe ce panégyriste du meurtre a
choisie. *Ne vous haïssez pas , parce que vous pensez
différemment les uns des autres.*

(3) Voici le nom de ces députés: Ricard, lieutenant
particulier de la sénéchaussée de Nîmes, Vouland, avocat
à Uzès, Chambon, premier consul à Uzès, Soustelle ,
avocat à Alais, Valerian-Duclos, du St.-Esprit, catholiques ; La Roquette du Vigan, Rabaut-St.-Etienne, Mey-
nier - Salinelles, protestans. Les deux derniers furent
condamnés à mort par le tribunal révolutionnaire, en
1793. Je n'ai pas besoin de faire observer à mes lecteurs que

dans ce nombre, et parmi les protestans, se trouve l'infortuné Rabaut-St.-Étienne, moins distingué encore par son érudition et ses succès littéraires, que par le courage avec lequel il combattit dans la convention le despotisme sanguinaire qu'on organisait au nom de la liberté. L'on n'a pas oublié le discours éloquent dans lequel, s'élevant contre les pouvoirs illimités que s'arrogeait l'assemblée, il se déclarait pour sa part fatigué de sa portion de tyrannie, et impatient de l'abdiquer.

(4) Je n'ai cité que deux des libelles publiés alors contre les protestans, et je n'ai rapporté aucune phrase de ces libelles. Voici quelques mots qui prouveront quel esprit les avait dictés. « Vipères ingrates », dit Pierre Romain, en parlant des protestans, et en s'adressant aux catholiques, « Vipères ingrates, que l'engourdissement
» de leurs forces mettait hors d'état de vous nuire, ré-
» chauffées par vos bienfaits, elles ne revivent que pour
» vous donner la mort. Ce sont vos ennemis nés. Vos
» pères ont échappé comme par miracle à leurs mains
» sanguinaires. » Indépendamment de ces deux libelles, on en distribua dans le même temps plusieurs autres, sous le titre de *Réponse à la lettre de M. le duc de Melfort: Français, réveillez-vous : Paul Romain à Pierre Romain : Avis important à l'armée française,* etc.

(5) Dans cette délibération, les soi-disant catholiques demandaient : que la religion catholique fût déclarée la religion de l'État, et qu'*elle jouît seule des honneurs du culte public;* que le pouvoir exécutif suprême fût rendu au roi; que S. M. discutât dans sa sagesse les décrets qu'elle avait sanctionnés *forcément; qu'il ne fût fait aucun changement dans la hiérarchie ecclésiastique, ni aucune réforme dans les corps séculiers et réguliers sans le concours des conciles nationaux,* etc.

(6) Voyez, dans le rapport de M. Alquier, sur les troubles de Nîmes, le 19 février 1791, le texte de la lettre des

soi-disant catholiques, aux diverses municipalités du royaume.

(7) « Le trois mai, une fermentation très-vive se ma-
» nifesta. Dès le matin il y eut des attroupemens; des
» hommes armés de haches, de sabres, de baïonnettes et
» d'épées parcourent les rues. Ils paraissaient très-animés
» contre les protestans. Plusieurs furent insultés, et griè-
» vement blessés. Des travailleurs de terre traînaient une
» corde et criaient : *c'est pour pendre les protestans*. A
» midi, la place, les cours, les escaliers, et quelques salles
» de l'hôtel de ville étaient remplies de travailleurs de
» terre : deux jeunes gens s'y étant rendus pour voir don-
» ner l'ordre, et ayant été reconnus pour protestans, furent
» injuriés et maltraités. Un soldat du régiment de Guyenne
» passa devant les fenêtres de l'hôtel de ville. Il fut atta-
» qué par les légionnaires. Deux de leurs officiers lui
» sauvèrent la vie. Le maire parut et appaisa le désor-
» dre.... Les boutiques furent fermées : on fut obligé
» d'aller à la place de la Salamandre pour prendre l'ordre
» qui se donnait chaque jour à l'hôtel de ville.... Les sol-
» dats du régiment de Guyenne étaient aussi l'objet de la
» fureur.... Un soldat fut blessé d'un coup de sabre. Un
» grenadier, nommé Laugier, fut assassiné d'un coup
» de fusil, et mourut de sa blessure.... Le 4, la ville était
» tranquille; la loi martiale fut proclamée. » Même rapport, p. 12 et 13.

(8). Lettre du sieur Descombiez à M. de Bouzol.

« .... Les dragons protestans ont attaqué, sur les
six heures du soir, les catholiques......»

Lettre du sieur Froment à M. de Bouzol.

« Les dragons protestans ont attaqué et tué plusieurs
de nos catholiques désarmés.... »

Extrait du procès-verbal de l'assemblée électorale.

« L'assemblée a vu avec indignation que ces hommes,

» privés de caractère, rejetaient sur les victimes de leur
» agression et sur celles de leurs complices le coupable
» projet d'insurrection dont ils sont eux-mêmes les au-
» teurs; et que, d'après un exposé aussi infidèle, ils
» avaient sollicité l'un et l'autre le secours du régiment
» de dragons en garnison à Sommières. »

(9) « Les troupes étaient en bataille vis-à-vis les Capu-
» cins, lorsque, vers une heure, elles furent assaillies de
» plusieurs coups de fusil. Le quatrième témoin, jardinier
» des Capucins, dépose qu'étant dans l'église, il entendit
» quatre coups de fusil, qui lui paraissaient partis du
» couvent; qu'il monta dans les corridors, et ne découvrit
» personne. Le quatorzième, que des coups de fusil fu-
» rent tirés des fenêtres des Capucins. Le quarante-troi-
» sième voit d'une fenêtre l'éclat d'une arme à feu dans
» un corridor des Capucins, donnant sur l'esplanade, et en
» même temps il entend plusieurs autres coups de fusil qu'il
» juge partis de ce corridor. Le soixante-troisième, major
» de la légion, voit faire feu du couvent des Capucins.
» Le trentième voit à ses côtés un sappeur blessé par un
» coup de fusil qu'on lui dit à l'instant même avoir été
» tiré des Capucins. Le quarante - quatrième voit, de la
» fenêtre du dernier étage d'une maison, un homme sans
» chapeau dans le clocher des Capucins; il voit aussi un
» autre fusil, et ne peut pas apercevoir l'homme qui le
» tenait. Le quarante-cinquième voit, de la fenêtre d'un se-
» cond étage, un homme armé d'un fusil dans le clocher
» des Capucins. Le cinquante-sixième voit deux coups de
» fusil partant du clocher des Capucins : un officier mu-
» nicipal étranger est tué de l'un de ces coups de fusil.
» Enfin, le curé de Boissières, cent-dixième témoin, dé-
» pose que les troupes furent assaillies de plusieurs coups
» de fusil, mais que la frayeur qu'il éprouva, et le soleil
» qui donnait à-plomb, l'empêchèrent d'apercevoir d'où
» provenait le feu. »

« Je me suis attaché aux détails de ce fait, a continué
» le rapporteur, et j'ai cru important de mettre dans
.» tout son jour la preuve que, du couvent des capucins
» on avait tiré sur les troupes, parce que cet événement
» est un de ceux que les instigateurs, soit connus, soit
» cachés, des troubles de Nîmes, ont présenté de la
» manière la plus fausse et la plus perfide, pour
» échauffer l'imagination du peuple, et pour rendre
» vraisemblable par des crimes commis dans un premier
» mouvement de rage, le projet insensé du massacre
» des prêtres et des catholiques qu'ils feignent d'attri-
» buer aux protestans. » Rapport de M. Alquier, p. 56.

Il est fâcheux de voir le premier magistrat d'un département, rappeler comme excuse ou explication de forfaits commis presque sous ses yeux, des faits prouvés faux
en 1790. « A peine la révolution » dit M. le marquis
d'Arbaud-Jouques, dans sa brochure intitulée *Troubles
et agitations du département du Gard*, « commen-
» çait-elle la longue série de ses excès et de ses crimes,
» qu'elle se signala à Nîmes par un épouvantable mas-
» sacre de catholiques. »

(10) « Dans les campagnes où le peuple était trompé
» sur la vraie cause des troubles de la ville, où des insi-
» nuations perfides lui annonçaient que la religion ca-
» tholique était en danger, où il croyait devoir la venger
» en versant le sang des protestans, des forfaits exécra-
» bles furent commis avec un sang-froid qui glace d'é-
» pouvante..... Plusieurs citoyens qui fuyaient Nîmes,
» furent arrêtés, et, à chaque fois, il fallait, pour sauver
» leur vie, qu'ils fissent preuve de catholicité. » Même
rapport, p. 65. Faute de cette preuve, des femmes,
des vieillards, des enfans furent impitoyablement massacrés.

Je supprime les noms et les faits particuliers; bien que
ceux-ci soient malheureusement aussi incontestables
qu'horribles, parce qu'encore une fois, ce n'est le crime

de personne, mais l'innocence des protestans que je veux prouver.

⌐(11). Voyez tout le rapport ci-dessus indiqué et les pièces imprimées dans le moniteur de 1791.

(12) Voyez le rapport de M. Alquier, p. 72.

(13) Je ne citerai que deux passages de ce mémoire curieux sous tant de rapports, mais sur lequel je me suis fait la loi de n'insister que le moins qu'il me sera possible. « Mon plan, dit l'auteur, p. 4, tendait unique-
» ment à lier un parti et à lui donner autant qu'il serait
» en moi de l'extension et de la consistance. Le véritable
» argument des révolutionnaires étant la force, je sentais
» que la véritable réponse était la force : alors, *comme*
» *à présent*, j'étais convaincu qu'on ne peut étouffer
» une forte passion que par une plus forte encore; » et
en conséquence l'auteur voulait réveiller *le zèle religieux.*
Ce zèle étant réveillé, veut-on savoir l'usage qu'il en
aurait fait ? Écoutons ses propres paroles. « J'exposai sans
» détour les moyens qu'on devait employer pour assurer
» le triomphe des royalistes du Gevaudan, des Cé-
» vennes, etc. Pendant la chaleur de la discussion,
» M. *** me dit: mais les opprimés et les parens des vic-
» times ne chercheront-ils pas à se venger? — Eh qu'im-
» porte? lui dis-je, pourvu que nous arrivions à notre
» but. — Voyez-vous, s'écria-t-il, comme je lui ai fait
» avouer qu'on exercerait des vengeances particulières!
» Plus qu'étonné de cette observation, je dis à M. *** :
» Je ne croyais pas qu'une guerre civile dût ressembler à
» une mission de capucins. » P. 34-35.

Certes, après avoir lu ces paroles et rapproché 1790 de
1815, on doit conclure aujourd'hui comme alors qu'*il*
est faux que les protestans aient excité les troubles de
Nîmes ; qu'ils ont été en butte à la haine d'un parti,
aussitôt qu'un parti s'est formé contre la constitution,
et qu'ils sont devenus l'objet d'un vil ramas de calom-
nies artificieuses, pratiquées contre eux pour exciter

des troubles, et faire éclater une contre - révolution dans le midi de la France. Rapport de M. Alquier, p. 71.

(14). V. l'Impartial, p. 7.

(15). V. l'Impartial, p. 8.

(16). Un royaliste avait placé sur sa porte cette inscription : *les Bourbons ou la mort.* Elle fut effacée par la police.

(17). Expression de M. le marquis d'Arbaud Jouques, en parlant des inquiétudes que les protestans éprouvèrent sur la liberté de leur religion en 1814, avant que les intentions royales fussent connues.

(18). Quand le bien-aimé reviendra.

(19) Café de l'île d'Elbe.

(20) Reproche adressé aux protestans dans les mémoires concernant les troubles du midi, imprimés chez Michaud.

(21) L'auteur de l'Impartial avoue assez naïvement que les ennemis des protestans avaient chanté ces fameuses chansons dont le refrain était, nous laverons nos mains dans le sang des protestans. *Pourquoi,* dit-il, *les protestans ne se contentaient-ils pas de dire qu'ils se laveraient les mains dans le sang des royalistes ?* » p. 50.

(22) Le 13 avril 1814, on reçut à Nîmes la nouvelle de la restauration. Le spectacle fut donné gratis. Au milieu des cris de vive le Roi! vive les Bourbons! la tranquillité fut troublée tout-à-coup par d'autres cris, *à bas le maire.* (M. de Castelnau, protestant.)

(23) Il est à remarquer que les signataires de cette adresse prirent le titre des *catholiques* de Nîmes, comme les rédacteurs de la fameuse adresse du 20 avril 1790. Je ne cite ce fait que pour prouver que les uns et les autres n'ont pas encore renoncé à l'espoir de trouver des ressources dans ce qu'ils appellent le zèle religieux. (Voyez

la note 13). Certes, si l'on considère l'esprit public de l'immense majorité de la France, et son attachement aux garanties constitutionnelles, et si l'on réfléchit que cette majorité professe le culte catholique, on se convaincra facilement que ce n'est pas comme catholiques que certains hommes veulent ramener des institutions détruites : mais ils se disent catholiques, parce que ce nom leur paraît préférable à celui de partisans de l'arbitraire et d'ennemis de leur pays.

(24) Cette pétition fut déposée chez un notaire nommé Bazile, frère d'un conseiller à la cour royale de Nîmes.

(25) Le drapeau tricolore ne fut arboré à Nîmes que le 3 avril.

DE L'IMPRIMERIE DE J.-L. CHANSON,

RUE DES GRANDS-AUGUSTINS, N° 10.

www.ingramcontent.com/pod-product-compliance
Lightning Source LLC
Chambersburg PA
CBHW060740280326
41934CB00010B/2290